MEMOIRE

POUR

Les Prévôt, Bourguemaîtres, Habitans & Communauté de Dosenheim, Demandeurs en opposition.

CONTRE

Les Prévôt, Doyen, Chanoines & Chapitre de Neuvviller, Deffendeurs.

CONCLUSIONS.

Les Conclusions de la Communauté tendent, à ce qu'il plaise au Conseil, sans s'arrêter à l'Acte du 14 Juin 1768. ordonner que les Arrêts des 11 Septembre 1739. & 16 Septembre 1752. seront exécutés suivant leur forme & teneur, en conséquence la recevoir opposante à l'Arrêt surpris sur Requête par le Chapitre de Neuwiller le 15 Septembre 1762. en ce que par icelui il lui a été fait deffense de couper aucun arbre sec sur pied dans la forêt du Breitschloss, *sans lui avoir été précédemment marqué par le forêtier dudit Chapitre; ordonner qu'il sera quant à ce rapporté : la recevoir pareillement opposante à l'Arrêt surpris sur Requête le 6 May 1766. ayant égard à son opposition & y faisant droit, ordonner qu'il sera rapporté, sauf audit Chapitre à se pourvoir en régle & deffenses au contraire, & sans préjudice à former dans la suite telle action qu'au cas appartiendra.*

Le Chapitre de Neuwiller toujours fertile & souvent malheureux en procès, prétend renouveller une contestation dans laquelle il a déjà deux fois succombé contre les mêmes parties, dans les mêmes circonstances & pour le même objet.

Un tel procédé n'est ni juste ni raisonnable, il annonce beaucoup d'opiniatreté pour ne pas dire un esprit de persécution que le simple récit du Fait & de la Procédure mettra dans toute son évidence.

* * *

Il est avéré dans le Fait, qu'il compéte à la Communauté de Dosenheim dans la forêt dite *Breitschloss* le droit d'Affouage en *Bois-mort*, *mort-bois*, *bois sec & gissant par terre.*

C'est ce qui a déjà été prejugé une première fois en 1739. par un Arrêt contradictoire au rapport de M. de Boisgautier dans les termes suivans : *Le Conseil faisant droit sur l'Instance &c.*

ordonne que les Deffendeurs auront droit d'affouage & de glandage dans la Forêt dite Breitſchloſs, *& qu'ils ne prendront pour leur bois de chauffage que le* bois-mort *&* mort-bois, ſec *&* giſſant par terre *& non celui abbatu par les vents; à charge par eux de ſatisfaire aux redevances portées par le titre de* 1257. *& a condamné les Demandeurs aux dépens reſervés par l'Arrêt du* 15 *Septembre* 1735. *&c.*

Le Chapitre forcé d'obéïr à cet Arrêt, ne l'a fait qu'avec proteſtation : mais voyant qu'il ne pouvait le renverſer à forces ouvertes, il a cru pouvoir ſe procurer les moyens d'en éluder impunément l'exécution, en s'adreſſant à l'Intendance.

Il y obtint en effet le 17 Août 1746. une Ordonnance qui ſemble aſſujettir indéfiniment toutes les Communautés uſagères dans la forêt du *Breitſchloſs* à des formalités dont l'obſervation réduirait leurs droits à un ſimple Précaire.

Muni de cette déciſion, le Chapitre crut pouvoir traiter comme délinquans tous les Bourgeois de Doſenheim qui venaient, comme de coûtume, exercer leurs droits ſur les eſpèces de bois mentionnés en l'Arrêt de 1739. Ses forêtiers le ſervirent au-delà de ſes ſouhaits, & dans peu de tems le Greffe abonda de rapports.

On eût cependant la politique de n'en produire d'abord que quelques-uns, dont le ſuccès devait naturellement décider du ſort de tous les autres.

La Communauté, inſtruite de ce qui ſe paſſait, comprit tout le danger qu'il y avait de tollérer plus longtems le progrès d'une procédure clandeſtine, & qui préparait inſenſiblement la ruïne de ſes Bourgeois, en même-tems qu'elle la privait du bénéfice de l'Arrêt de 1739.

Après plusieurs actes, sommations, protestations & autres démarches faites tant au Conseil qu'à l'Intendance & au Bailliage, le Chapitre voulut bien enfin fixer lui-même l'objet de ses prétentions, en levant en 1750. la commission dont voici l'énoncé :

Assigner à comparoir en notre Conseil Souverain d'Alsace les Préposés, Bourgeois & Habitans de la Communauté de Dosenheim, comme prenans le fait & cause de Pierre Gleitz & Jacob Berchtold, tous deux dudit Dosenheim, pour se voir faire deffenses de ne plus couper ni enlever des arbres dans la forêt du Breitschloss, & pour avoir coupé & enlevé le 20 Mars 1747. neuf arbres de Bouleau *dans ladite forêt suivant le rapport du forêtier, les condamner en 12 fl. de dommages & intérêts envers les impétrans, & les condamner aux dépens.*

Un corps aussi bien conseillé que le Chapitre de Neuwiller l'a été dans tous les tems, ne peut être soupçonné de perdre ses procès par négligence ou mal-adresse, aussi n'a-t-il rien omis de tout ce qu'il pouvait alléguer, pour obtenir du Conseil un Arrêt semblable en tout & par tout à l'Ordonnance de 1746. qui faisait pour-lors son principal moyen.

Quoique le Conseil ne soit pas dans l'usage de se livrer facilement à ce qui peut donner lieu à des conflits de jurisdiction, il sait cependant, lorsqu'il en est besoin, faire respecter ses Arrêts, & c'est ce qu'il a fait en rendant celui du 16 Septembre 1752. dont voici la teneur :

NOTREDIT CONSEIL faisant droit sur l'Instance, a débouté les Demandeurs de leur demande, & faisant droit sur la Requête, en interprétant son Arrêt du 11 Septembre 1739. dit, qu'il compéte aux Deffendeurs le droit d'affouage dans la forêt dite Breitschloss, *&* qu'ils le prendront en bois-mort, mort-bois, bois sec & gissant par terre, *& non pas celui abbattu par les vents, & a condamné les Demandeurs aux dépens de l'Instance.*

Immédiatement après cet Arrêt, on voit le Chapitre tenir constamment la même conduite qu'il avait déjà tenu pour renverser & éluder celui de 1739. même protestation, même recours à l'Intendance, & enfin toujours le même dessein d'anéantir, s'il était possible, le droit de la Communauté.

D'un autre côté la forêt du *Breitschloss* se trouvait en proie à tous les Bucherons, Charbonniers, Architectes & Marchands de bois qui offraient de l'argent au Chapitre. Il est facile de se persuader que la présence des usagers ne pouvait être agréable à ces nouveaux hôtes, & il n'est pas besoin de dire à qui le Chapitre adjugeait la préférence.

Il ne s'agissait plus que de trouver un prétexte honnête pour interdire à jamais à la Communauté de Dosenheim l'entrée dans la forêt du *Breitschloss*. Le bon ordre, la règle & le besoin d'une exacte police ne furent pas oubliés dans cette occasion, & le Chapitre de Neuwiller se procura le plaisir de plaider une seconde fois à l'Intendance tout ce qu'il avait déjà inutilement allégué dans les deux instances précédamment jugées au Conseil.

Voici le dispositif de l'Ordonnance renduë sur cette nouvelle contestation le 28 Février 1754. & dénoncée à la Communauté le 18 Janvier 1763.

NOUS INTENDANT ayant aucunement égard aux fins respectives des parties & y faisant droit, avons déclaré ladite Ordonnance du 17 *Août* 1746. *commune avec la Communauté de Dosenheim & autres qui ont des droits d'usage en bois dans la forêt du* Breitschloss, *en conséquence faisons deffenses de couper aucun arbre vif & sur pied dans la dite forêt, qu'il n'ait été préalablement marqué par le forêtier du lieu, sous les peines portées par ladite Ordonnance: auquel effet Ordonnons que les habitans de ladite Communauté seront tenus de se présenter deux ou trois fois dans l'an ès saisons propres & convenables pour leur être les bois dont ils auront besoin, suivant l'état qui en sera arrêté par les Préposés, désignés ès cantons les moins dommageables desdites forêts, & les plus à portée de Dosenheim, & marqués de suite par le forêtier, auquel ils seront tenus de payer 40 sols par jour de vacation; SAUF NEANTMOINS AUXDITS HABITANS à USER DE LEURS DROITS SUR LES BOIS-MORTS, MORT-BOIS, SECS GISSANS PAR TERRE, CONFORMEMENT à L'ARREST DU 11 SEPTEMBRE 1739. & ce sans qu'ils soient tenus de requérir la présence du forêtier. Fait à Strasbourg &c.*

Il n'appartient pas à la Communauté de Dosenheim d'examiner, s'il compéte au Commissaire départi de restraindre ou interprêter les Arrêts du Conseil, en s'arrogeant la Police & l'Administration des forêts des Nobles & des Corps ecclésiastiques : mais il est permis de dire, que le Chapitre de Neuwiller eût facilement trouvé dans la justice du Conseil tous les Règlemens nécessaires pour la proscription des abus, si tant est qu'il en ait jamais existé d'autre que celui que ce même Chapitre fait journellement de son droit de propriété.

Quoiqu'il en soit à cet égard, il est évident que le Commissaire départi n'a ni pu ni voulu déroger aux Arrêts du Conseil, & que quand il l'aurait prétendu faire, son jugement ne ferait pas une règle suffisante pour autoriser le Juge ordinaire, & moins encore obliger le Conseil à s'y conformer.

Voici donc la Communauté de Dosenheim bien formellement distinguée de toutes les autres Communautés co-usagères, & pour lesquelles les Réglemens de 1746. & 1754. ont été rendus, & s'il est démontré, que la procédure actuelle du Chapitre est mot pour mot la même que celle qu'il a déjà tenuë lors des Arrêts de 1739. & 1752. il est sensible qu'il ne doit pas se flatter aujourd'hui d'un meilleur succès, à moins de vouloir mettre le Confeil en contradiction avec lui-même.

Auſſi le Chapitre ſans doute peu content de la Juſtice qu'il avait obtenu par les voyes ordinaires, trouva plus expédient d'embraſſer un nouveau genre de procédure, dans lequel il eſpérait de ſe procurer enfin par des voyes obliques, ce qu'il n'avait pu obtenir dans aucun tems à forces ouvertes.

Il s'éloigna d'abord lui-même entièrement de la règle, à laquelle il prétendait aſſujettir la Communauté, ſous la vaine apparence du bon ordre & de la police, à la faveur de laquelle il avait obtenu l'Ordonnance de 1754.

On faiſait cependant mine de vouloir faire des diſtributions de bois ; mais quand il fallait en venir au fait, ce n'étaient jamais que des paroles & du papier que l'on obtenait.

Un procédé auſſi injuſte occaſionna une nouvelle guerre d'actes dans le nombre immenſe deſquels un ſeul mérite quelqu'attention: c'eſt celui *du* 20 *Mars* 1755.

Il prouve ainſi que tous ceux qui l'ont précédés & ſuivis que l'intention du Chapitre a toujours été, de ne ſe conformer en rien aux Arrêts de 1739. & 1752, de ſe rendre Juge dans ſa propre cauſe, & enfin de réduire le droit de la Communauté à un ſimple Précaire.

Cependant comme le Chapitre croit trouver dans cet Acte un déport formel & ſuffiſant du Bénéfice des Arrêts de 1739. & 1752. il eſt bon de mettre cette pièce ſous les yeux du Conſeil, en obſervant que quand elle dirait tout ce qu'on veut lui faire dire, il demeure toujours certain, qu'elle ne préſente dans toute ſa teneur non plus que dans ſa forme aucune des conditions requiſes pour priver valablement la Communauté de ſes droits, & l'on ſent tout le danger qu'il y aurait de permettre que des déclarations de cette espèce puiſſent tirer à conſéquence en juſtice.

La Communauté, qui a dans tous les tems plaidé de bonne foi, produira elle-même cette pièce écrite en français & ſignée en allemand par ſix Particuliers qui n'avaient certainement ni caractère, ni pouvoir, ni qualité, ni commiſſion de traiter, ni tranſiger, & moins encore de ſe déporter du bénéfice de la choſe jugée.

A la Requête des Prévôt, Bourguemaître, Jurés, Bourgeois & Habitans de la Communauté de Doſenheim, qui font élection de domicile en celui de Martin Adolff, le Bourguemaître actuel, & pour ſatisfaire à l'Ordonnance en celui de Mathias Bienfait, bourgeois Cabaretier de Neuviller, pour 24 heures ſeulement, ſoit ſignifié, déclaré & duëment fait à ſavoir à Meſſieurs les Prévôt, Doyen, Chanoines & Chapitres de la Collégiale de Neuviller, que le Requerans avoient lieu d'eſpérer qu'après deux Arrêts contradictoires, & une Ordonnance de Monſeigneur l'Intendant, qui règlent leurs droits & uſages dans la Forêt dite Breitſchloſſ, ils ſeroient trànquils, & qu'enfin ledit Chapitre ſe rendroit juſtice, mais qu'ils voyent à regret que l'on cherche à éluder tant ledits Arrêts que l'Ordonnance, pour les fruſtrer de leurs uſages, c'eſt pourquoi les Requerans déclarent par ces préſentes auxdits Chanoines & Chapitre, qu'ils ſe tiennent auxdits Arrêts, & notamment à celui du 16 Septembre 1752. *& l'Ordonnance du 28 Février 1754. ſignifiée de la part dudit Chapitre même aux Requerans le 13 Mars enſuivant, pour quel effet les ſomment & interpellent de s'y conformer de leur part; ce faiſant leur faire marquer le bois néceſſaires pour l'affouage de leur Communauté, ſuivant l'état arrêté par les Prépoſés de Doſenheim, ci-joint en conformité de ladite Ordonnance, aux offres qu'ils font, de payer 40 ſols par jour au Forêtier, & de ſe conformer au ſurplus à ladite Ordonnance & Arrêt, ſinon & à faute de ce faire dans huitaine du jour de la ſignification du préſent Acte, ils leurs déclarent, qu'ils ſe pourvoyeront*

voyeront contre eux pour les y faire contraindre & aux fins de dommages & intérêts, & comme ledit Chapitre a jusqu'à-présent affecté de ruiner les Requerans par les amandes exorbitantes qu'ils ont fait édicter par leurs Officiers contre eux, au mépris desdits Arrêts & Ordonnance *susdite, ils leur déclarent qu'ils sont & se portent pour Appellans de toutes les sentences qui ont été renduës contre eux jusqu'au 13 Mars 1754. jour auquel l'Ordonnance du 28 Février précédent leur a été signifiée par-devant Nosseigneurs du Conseil Souverain d'Alsace séant à Colmar, protestant de relever leur appel dans le tems de l'Ordonnance, au cas que ledit Chapitre entend de mettre lesdites sentences en exécution, les sommans & interpellans de se déclarer dans huitaine s'ils prétendent s'en prévaloir, le tout sans préjudice aux Requerans de se porter pour Appellans aussi dans la suite des sentences qui ont été renduës depuis ladite Ordonnance, & à tous leurs autres droits, noms, raisons & actions, ce qui sera signifié pour qu'ils n'en ignorent, avec protestation de nullité de tout ce qui pourroit être entrepris au préjudice dudit Acte, & de récupérer contre eux tous frais, dépens, dommages & intérêts dont acte. Signé à l'Original* ROTHAMMEL *Prévôt.* **Hanß Martin Adolff als Burgermeister. Christian Dähn, Gerichtsschöff. Johannes Lantz, Gerichtsschöff. Elias Hannß, Gerichtsschöff. Bläß Scholffs, Gerichtsschöff,** & **Hanß Georg Schiltknecht, Gerichtsschöff.**

Il est probable que les honnêtes gens, qui ont signé cet Acte, n'auront pas manqué de bois; ce qui est certain, c'est qu'ils sont les seuls qui ayent signé le prétendu Procès-verbal de distribution, par lequel on voudroit insinuer qu'il dépendait des habitans de Dosenheim de se procurer les bois nécessaires.

Mais il est trop bien prouvé par tout ce qui a précédé & suivi, que ce prétendu Procès-verbal, ainsi que tous les prétextes de police, dont on excipe, ne font que de vains subterfuges, à la faveur defquels le Chapitre voudrait excufer fon opiniatre desobéïffance envers les Arrêts du Confeil.

Ce qui ne laiffe aucun doute à cet égard, c'eft que le Chapitre n'a dans aucun tems ofé fe plaindre, que la Communauté ait jamais excédé la portée de fes befoins, ainfi que cela eft facile à vérifier par la teneur méme des rapports ; d'où il réfulte évidamment, que le Chapitre plaide fans intérêt du moins pour le paffé & pour le préfent.

Cependant cet Acte du 20 Mars 1755. ne parût pas encore fuffifant pour remplir les vûës du Chapitre, il continua, comme du paffé, à vexer la Communauté, & nous voyons ici réparaître à tous égards la même procédure & la même foule de rapports que l'Arrêt de 1752. venait de profcrire.

Il exifte actuellement paffé 400 nouveaux rapports, qui produiront vraifemblablement quelques milliers de fentences; le Juge de Neuviller n'en a encore rendu qu'environ 80. qui font jointes aux piéces: Le Confeil eft très-humblement fupplié de fe les faire repréfenter, & il reconnaîtra que tous ces rapports & fentences n'ont d'autre objet, que celui qui a donné lieu à la Commiffion de 1750.

La Communauté à la vûë de cette nouvelle perfécution crut pouvoir & devoir en arrêter les progrès, en prenant comme elle avoit déjà faite avant la Commiffion de 1750. le Fait & Caufe de fes Bourgeois ; elle ne fe porta même à cette démarche qu'à la fuite d'une infinité d'Actes & de Propofitions amiables, auxquelles le Chapitre n'a répondu que par des refus, des rapports, des fentences & enfin un Arrêt furpris fur Requête le 15 Septembre 1762. dont voici le difpofitif :

NOTREDIT CONSEIL faiſant droit ſur la Requête, a ordonné & ordonne, que les habitans de Doſenheim commenceront par enlever dans la Forêt du Breitſchloſſ pour leur bois de chauffage le bois ſec giſſant par terre, & leur a fait défenſe de couper aucun arbre ſec ſur pied dans ledit Breitſchloſſ, ſans leur avoir été précédemment marqué par le Forêtier juré des Supplians, *& ce ſous telles peines que de droit.*

Après avoir auſſi évidemment ſurpris la Religion du Conſeil, le Chapitre ne mit plus de bornes à la perſécution.

Quand un Bourgeois prenait pour ſon chauffage des bois de l'eſpèce de ceux mentionnés en la Commiſſion de 1750. on le mettait à l'amende en vertu de l'Ordonnance de 1746. S'il prenait du *bois-mort ſec ſur pied*, on le mettait à l'amende en vertu de l'Arrêt de 1762. auquel on prétend même donner un effet rétroactif. Enfin ſe borne-t-on à ramaſſer les ſeuls *bois-morts, ſecs & giſſans par terre*, comme l'Arrêt de 1762. ſemble l'indiquer; nouvelle amende, ſous prétexte que ces *bois ſecs & giſſans par terre* ont été abatus par les vents: c'eſt ce dont le Conſeil ſera pleinement convaincu par la ſeule inſpection des Sentences déjà renduës, & d'une partie des rapports, dont la totalité doit opérer la ruine & la déſertion entière du village de Doſenheim.

La Communauté excédée par la violence d'un procédé auſſi contraire aux Arrêts de 1739. & 1752. eſpéroit de trouver enfin dans la Juſtice du Conſeil un azile aſſuré, & un terme aux perſécutions continuelles dont le Chapitre ne ceſſait de l'accabler.

Mais il n'eſt aucune ſorte de chicane qui n'ait été miſe en œuvre pour lui interdire à jamais l'accès de la Juſtice tant au Conſeil qu'à l'Intendance.

En même-tems la Communauté atterré par l'extrême vivacité des pourſuites du Chapitre, & dépourvuë de conſeil, ſe contenta de prendre le fait & cauſe de ſes Bourgeois par de ſimples Actes d'appel & d'oppoſition, qui n'embarraſſérent pas longtems le Chapitre.

Il ſurprit en effet le 6 Mai 1766. de la Religion du Conſeil un nouvel Arrêt, dont voici les termes :

NOTREDIT CONSEIL faiſant droit ſur la Requête, ſans avoir égard à l'oppoſition formée à l'Arrêt du 15 Septembre 1762. par acte du 16 Novembre de la même année réitérée par autre acte du 11 Décembre ſuivant, non plus qu'à l'appel interjetté par le même acte du 11 Décembre 1762. par la Communauté de Doſenheim, comme prenant le fait & cauſe des particuliers en qualités dans le même acte des decrets de permis d'aſſigner du 2 Décembre 1762. & aſſignations données en conſéquence le 4 du même mois, a ordonné & ordonne qu'il ſera paſſé outre à l'exécution deſdits decrets ſauf l'appel en notredit Conſeil des ſentences, s'il y échet.

Il eſt clair, que ſi ces deux Arrêts ſubſiſtent, il ſera jugé ſans retour, que les Bourgeois de Doſenheim ont autant de fois délinqué, qu'ils ont uſé du droit à eux adjugé par les Arrêts de 1739. & 1752. Il y a plus, c'eſt qu'ils ſeront punis, ruinés & expatriés, pour n'avoir fait autre choſe que ce qu'ils avaient déjà fait avant 1752. Or les Rapports & Sentences d'aujourd'hui ſont exactement les mêmes que ceux dont il s'agiſſait en 1750. Les parties doivent donc être jugées en 1768, comme elles l'ont été en 1752. *Ubi eadem ratio, ibi idem jus.*

Le Conſeil eſt encore très-humblement ſupplié, de vouloir bien faire paſſer ſous ſes yeux une partie de ces anciens Rapports & Sentences qui ſont également joints aux pièces qui forment le réſidu des Inſtances de 1739. & 1752. & il ſera pleinement convaincu, que la prétention adjugée proviſionnellement au Chapitre par les deux Arrêts ſurpris ſur Requête a déjà été formellement & contradictoirement proſcrite.

Dans ces circonſtances la Communauté a été conſeillée de former oppoſition à l'exécution de ces deux Arrêts, & elle y a été trouvée d'autant plus fondée, que celui de 1762. s'il était même contradictoire, ne pourrait ſubſiſter, parcequ'il préſenterait une contrarieté évidente avec celui de 1752. qu'il renverſe dans toutes ſes parties.

Si le Conſeil juge, qu'il ſoit beſoin d'un Règlement entre les parties, par lequel l'exercice des droits adjugés par l'Arrêt de 1752. doive être ſoumis à des formalités indiſpenſables & relatives au bien public, la Communauté obéïra avec confiance & ſoumiſſion à un tel Règlement : mais juſques-là le Conſeil, qui eſt ſeul Juge compétent dans cette matière, n'ayant édicté aucune loi pénale, il ſera vrai de dire, que les Habitans de Doſenheim qui ſont reſtés dans les bornes de l'Arrêt de 1752. ne peuvent avoir encouru aucune peine ; d'autant plus que ce n'eſt point par de ſimples Arrêts ſur Requête que l'on peut engager valablement une conteſtation auſſi intéreſſante pour toute une Communauté.

La Requête en oppoſition a été répondüe d'un *viennent*, & comme la Communauté, faute d'autoriſation, eſt encore empêchée de prendre aucunes concluſions au fond, elle s'eſt contentée de conclure ſimplement à l'exécution des Arrêts de 1739. & 1752. ainſi qu'au rapport de ceux de 1762. & 1766. *ſauf au Chapitre à ſe pourvoir en règle.*

Ces concluſions n'ont d'autre objet, que de remettre les choſes dans leur état naturel, pour que les parties puiſſent reſpectivement agir & ſe pourvoir dans les règles.

Les vuës du Chapitre tendent au contraire à arrêter le cours de la juſtice, à confondre les objets & à ne faire aucune diſtinction entre ceux qui peuvent avoir véritablement délinqués, & ceux qui n'ont fait qu'uſer de leurs droits ſur la foi & d'après l'autorité de la choſe jugée.

Il faut dire, que quoique l'Arrêt de 1766. autoriſe le Chapitre à paſſer outre non-obſtant les Actes d'appel & oppoſitions, il a cependant eu la modération de ſuſpendre ſes pourſuites depuis que l'oppoſition eſt pendante: il a ſenti lui-même qu'il ne rendrait pas ſa cauſe favorable, en précipitant la ruïne & la déſertion de tout un village, & l'on ne peut ſe perſuader, que dans le cas même où il réüſſirait dans ſa nouvelle prétention, il aurait l'inhumanité de donner entièrement ſuite à cette procédure.

Mais la Communauté oſe eſpérer de l'équité du Conſeil, qu'il voudra bien en faveur de juſtice fixer une fois pour toujours le ſort des parties qui ſe conſument reſpectivement depuis près de 50 années en frais, & cela pour de ſimples équivoques & des meſentenduës qui annoncent ſuffiſamment la néceſſité d'un Règlement final, lequel en impoſant ſilence ſur tout le paſſé, réglera définitivement les parties pour l'avenir.

La cauſe enviſagée ſous un point de vuë auſſi équitable, qu'il eſt conforme en tout au bien public, il ſerait ſuperflu de s'engager plus longtems dans la diſcuſſion des moyens, qui s'annoncent ſuffiſamment par la ſeule expoſition du fait.

Il ſerait à déſirer pour la Communauté de Doſenheim & plus encore pour toute la Province, que nous n'euſſions pas eu le malheur de perdre l'Avocat célèbre qui a défendu les droits de la Communauté en 1739. & 1752. En tout cas le début du Mémoire, qu'il fit pour-lors, prouve qu'il a prévu dans le tems les véritables suites que le Chapitre donnerait un jour à cette affaire, en voici les termes:

Le but de la demande principale est, de dépouiller toute une Communauté de ses droits les plus anciens & de la réduire à un Précaire, c'est-à-dire à rien. Les Deffendeurs plaident pour éviter leur ruine totale; le Chapitre au contraire hazarde un procès pour s'enrichir, & obliger un village entier à déserter.

Pour répondre à la fin de non-recevoir, il suffira d'observer qu'il n'est question d'aucune demande nouvelle ni d'aucunes conclusions sur l'appel, mais simplement de l'exécution de deux Arrêts contradictoires, lors desquels la Communauté a déjà été suffisamment autorisée.

L'Arrêt que le Conseil rendra, doit décider du sort de 90 Pères de famille qui fournissent des denrées, des subsides, des citoyens & des deffenseurs à l'Etat. Des hommes de cette espèce méritent à tous égards la protection de la Justice, & s'ils ne jouïssent pas du privilège de vivre aux dépens du public, il leur reste au moins la consolation de le servir utilement.

En respectant, comme on le doit, les saintes occupations du Chapitre de Neuwiller, on souhaiterait trouver dans sa procédure plus de justice & de charité; mais il n'est pas possible de penser, qu'il prenne plaisir à solliciter, comme il le fait, la déstruction d'un village dont il est décimateur.

On finit en observant que la Communauté n'a jamais prétendu excuser ceux de ses Bourgeois qui ont véritablement délinqué: mais elle se doit à elle-même de ne pas laisser dans l'oppression ceux qui n'ont fait qu'user du bénéfice des Arrêts de 1739. & 1752. & quand le Chapitre trouverait, dans tout ce qui s'est passé du depuis, qu'il y eut été insensiblement dérogé par les Ordonnances & Actes dont il a été parlé, tout ceci ne préſenterait jamais un titre équivalent à une loi pénale & ſuffiſante, pour conſtituer en délit ceux qui n'ont fait qu'exécuter ces mêmes Arrêts.

Quand le Conſeil, ſeul Juge compétent, ſe ſera expliqué ſur l'exécution de ces mêmes Arrêts, alors rien ne pourra excuſer les contrevenans, & le Chapitre eſt lui-même inexcuſable d'avoir négligé dans le tems une voye auſſi légitime, & qui était la ſeule régulière pour ſoumettre les contrevenants à une peine certaine & connuë.

Toute la procédure que le Chapitre a tenuë depuis 1752. étant donc tachée d'incompétence, d'irrégularités & d'inconſéquences continuelles; elle ne peut produire d'autre effet que d'indiquer l'indiſpenſable néceſſité d'un Règlement certain; voilà où doit ſe porter le vœu commun des parties, ſi elles plaident de bonne foi.

Quod verò contrà rationem juris receptum eſt non eſt producendum ad conſequentias. L. 14. de LL.

Me. Blanchard, Avocat.

Me. Yves, Procureur.

De l'Imprimerie de Jean Henri Decker, Imprimeur du Roy & de Noſſeigneurs du Conſeil Souverain d'Alſace.

www.ingramcontent.com/pod-product-compliance
Lightning Source LLC
LaVergne TN
LVHW050516160826
845677LV00003B/1159

* 9 7 8 2 3 2 9 6 3 5 1 8 7 *